edition e87

Hilfe, mein Kind lernt Englisch!

Ein paar Ratschläge, wie Eltern wirkungsvoll den Anfangs-Unterricht begleiten können

Zusammengetragen und illustriert

von

Isolde Heinrich

Bibliografische Information der Deutschen
Nationalbibliothek
Die Deutsche Nationalbibliothek verzeichnet diese
Publikation in der Deutschen Nationalbibliografie;
detaillierte bibliografische Daten sind im Internet
über http://dnb.d-nb.de abrufbar.

© 2007 edition e87
Alle Rechte vorbehalten
Herstellung und Verlag: Books on Demand GmbH,
Norderstedt
ISBN 97837000764

Inhalt

Einleitung/Vorbemerkung

Sie können Ihr Kind erfolgreich beim Lernen der englischen Sprache in der Schule unterstützen!

In der fünften Klasse aller Schularten wird Englisch nicht mehr nur spielerisch wie in der Grundschule auf mündlichen Ausdruck hin unterrichtet, sondern die Beherrschung der englischen Rechtschreibung und Grammatik steht nun an. Keine Angst! Sie – Vater, Mutter, Großmutter oder große Schwester – haben vielleicht noch nie Englisch gelernt oder glauben, Englisch nicht mehr gut genug zu beherrschen. Doch auch Sie können dem Anfänger oder der Anfängerin helfen, Englisch zu lernen. Wie? Das erfahren Sie auf den folgenden Seiten.

Dieser kleine Leitfaden kann ein ganz persönliches Mittel zur Unterstützung der Lernfortschritte werden. Zuerst einmal empfiehlt es sich, diesen Leitfaden zu personalisieren. Überall im Text, wo der Smiley (☺) auftaucht, tragen Sie in Ihrer Vorstellung den Namen des Kindes ein, das jetzt Englisch lernen soll. Und, wenn Sie wollen, können Sie auch die Anrede „Sie" ersetzen durch einen dem Kind vertrauten Namen, sei es Mami, Papa oder ein Vorname, ganz wie Sie es lustig sind. Das vereinfacht den Umgang mit dem Thema.

Und nun geht es hier gleich richtig los!

Nein, es soll erst auch noch die Hauptperson in dieser Abhandlung persönlich begrüßt werden:

Hallo ☺ ! Die Tipps und Ratschläge in diesem Büchlein sollen dir helfen, von Anfang an erfolgreich Englisch zu lernen. Das ist doch ein wichtiges Ziel, oder nicht?

Thema 1: Erschließen der Aussprache mit Hilfe der Lautschrift

Wie kann man wissen, wie ein neues Wort richtig auszusprechen ist? Das ist bei Hausaufgaben oft schwierig herauszufinden. Aber Rettung ist möglich! Es lohnt sich für Sie und ☺, sich schon in den ersten Lernwochen die internationale Lautschrift wirklich einzuprägen und sie anwenden zu lernen.

 Ein sehr gutes Wörterbuch ist schon am Anfang des Sprachenlernens eine unumgängliche Hilfe!

Ein Wörterbuch ist also kein Luxus, dessen Anschaffung auf später verschoben wird. Lassen Sie  sich beim Kauf vom Englischlehrer oder in einer guten Buchhandlung beraten. Schlagen Sie bei jedem Zweifel nach, bringen Sie ☺ dazu, gerne und detektivisch Wörter im Wörterbuch nachzuschlagen und machen Sie ein Spiel daraus. Sie finden die wichtigsten Zeichen im Lehrbuch und ausführlicher in einem guten Wörterbuch. Dazu werden Beispiele angegeben und auch ein deutsches Wort mit einem ähnlichen Laut zur Veranschaulichung. Die Betonung wird durch ein Anführungszeichen oben als Hauptakzent oder unten als Nebenakzent aufgezeigt. Das sieht dann so aus:

make-up
$$[\,'\underline{mei}k\land p\,]$$

television
$$[\,'\underline{tel}iviʒn\,]$$

multicultural
$$[\,_{,}m\land lti\,'\underline{k\land l}tʃərəl\,]$$

Ein kleiner Tipp: Übersehen Sie nie die kleinen Betonungszeichen ['] oder [,] vor der betonten Silbe, Zugegeben, anfangs sind die Zeichen etwas mühsam zu entziffern und die angegebenen Laute sind ungewohnt, aber es lohnt sich die Mühe!

Beginnen Sie mit deutschen Wörtern zu üben. Sie werden staunen, wie manche Wörter in der Lautschrift aussehen, denn auch im Deutschen, seltener zwar als im Englischen, weicht die Aussprache von der Schreibung ab. Zum Beispiel: geschrieben „Seil", gesprochen wird „sail". Akzentfrei werden Sie Englisch mit diesem Hilfsmitteln nicht sprechen, aber das Lautbild ist sichtbar, kann dann hörbar und letztendlich auch „verstehbar" werden. Vor allem lernt ☺ nichts gänzlich Falsches. Das ist immer das Wichtigste! Etwas (Falsches) wieder aus dem Gedächtnis zu löschen ist selten auf Anhieb möglich.

Die Lautschrift hilft ☺ auch dabei, sich an die im Unterricht gehörte richtige Aussprache zu erinnern. Und ebenso an die Form, die vielleicht bei Mitschülern von der Lehrkraft schon öfters verbessert wurde.

Der mündliche Anfangsunterricht leistet für die Aussprache die größte Vorarbeit, kann aber durch die Lautschrift „verankert" werden. Wenn Sie testen wollen, ob ☺ die Aussprache eines Wortes einigermaßen im Ohr hat, prüfen Sie dies im Vergleich mit der Lautschrift nach!

Mit zunehmender Gewohnheit gelingt das immer besser! Auch im Wörterverzeichnis des Buches, bestimmt aber in der Wörterliste zur laufenden Lektion ist die Lautschrift fester Bestandteil, manchmal dünn gedruckt, sehr oft in eckigen Klammern angegeben.

☞ *Genau lesen, nichts in der Darstellung der Lautschrift überlesen, sondern bewusst wahrnehmen!*

Und jetzt kann ☺ schon einmal versuchen, folgende Wörter auszusprechen:

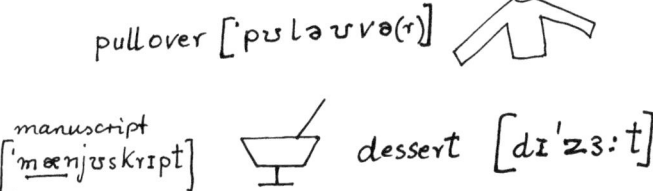

Auch für die lieben Tierchen braucht man die Lautschrift:

Normalerweise wird ☺ die Lautschrift nicht selbst schreiben müssen. Aber es kann nicht schaden, wenn ☺ die Lautschriftzeichen farbig auf ein Plakat schreibt und gut sichtbar (vom Arbeitsplatz aus) aufhängt. Das macht die Gewöhnung an die Zeichen leichter. Gute Hilfe für wenig Mühe! Hier Beispiele schwarz-weiß:

Die englischen Laute in der Internationalen Lautschrift: eine kleine Auswahl

Lautzeichen	Beispiel	deutsches Klangbeispiel
[ʌ]	come [kʌm]	→ Matsch (a kurz)
[ɑː]	park [pɑːk]	→ Bahn (a lang)
[æ]	flat [flæt]	→ Wäsche
[uː]	too [tuː]	→ Schuh (u lang)
[aɪ]	my [maɪ]	→ Mai
[j]	yes [jes]	→ jetzt
[ʃ]	shop [ʃɒp]	→ Fisch
[ŋ]	English ['ɪŋglɪʃ]	→ Ding

Thema 2: Aufbau des verwendeten Englisch-Lehrbuchs

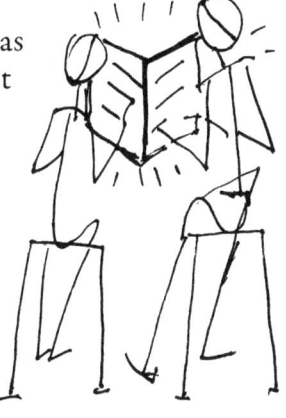

Solange ☺ noch auf das neue Fach neugierig ist, ist auch das Englischbuch interessant. Schauen Sie es, bevor die Arbeit damit beginnt, mit ☺ zusammen genau an. Machen Sie sich mit Hilfe des Inhaltsverzeichnisses den Aufbau des Buches klar. Beachten Sie – falls vorhanden – die Landkarten auf den Innenseiten des Buchdeckels und greifen Sie oft darauf zurück. Meistens sind die Bücher in "units" (das heißt thematisch zusammenhängende Lerneinheiten) eingeteilt.

☞ *Lernen Sie den Aufbau des Lehrbuchs, das in der Schule im Englisch-Unterricht verwendet wird, gemeinsam genau kennen!*

Die Hinführung zu den "units" geschieht meist über Zeichnungen und/oder Fotos und mit sehr kurzen Texten. Manchmal schließen sich daran ganz leichte Übungen an, die neue Konstruktionen ins Bewusstsein rücken. Dieser Teil soll Neugier und

Interesse beim Schüler wecken und das Neue mit dem bereits Gelernten verbinden. Sie werden erstaunt sein, wie viel ☺ an Information erfasst! Etwa die Hälfte aller neuen Wörter werden in den Bildern ihre Entsprechung haben, die anderen sind in sprachliche Zusammenhänge eingebaut. Das können Dialoge oder erzählende Texte sein, vor allem werden sich viele Redewendungen und einige grammatische Beispiele darin finden.

Neben dem Lektions-Wortschatz haben die Bücher am Ende ein alphabetisches Wörterverzeichnis Englisch/Deutsch, Deutsch/Englisch von allen Wörtern, die im Buch auftauchen. Beachten Sie die Grammatik-Seiten, die an Hand von Beispielen die neue Grammatik darstellen, auch einfache Regeln sind dort aufgestellt, unterstützt durch die Verwendung von Farbe und Zeichnungen aller Art meist von der humorvollen Sorte, sie sind nicht zufällig da. Wenn Sie mit ☺ ein bisschen Grammatik bearbeiten wollen, brauchen Sie zusätzlich eine auf Deutsch abgefasste, möglichst knappe englische Grammatik. Lassen Sie sich in einer Buchhandlung beraten!

 Eine knappe englische Grammatik auf Deutsch kann sehr hilfreich sein

Die "extra pages" im Lehrbuch

Ein paar Anmerkungen zu den Anhängen in englischen Lehrbüchern ("extra pages"): Am Ende des Lehrbuchs oder einer Lektion stößt der Leser auf einen Teil mit zusätzlichen Texten, Rätseln, Spielen oder Liedern, die manchmal auch im Unterricht durchgenommen werden Das gute Angebot kann von ☺ selbständig genutzt werden. Aber: Der Durchnahme im Unterricht nicht vorgreifen, weil erst am Ende einer Unit Wortschatz und Strukturen vorhanden sind, um Erfolgserlebnisse zu schaffen! ☺ soll gespannt sein und freiwillig damit arbeiten. Auf dass diese Texte zügig gelesen werden können, ist meist ein kleiner Wortschatz-Teil mit Aussprache und Bedeutungen beigegeben. Sehr praktisch!

☞ *Zusätzliche Angebote im Lehrbuch zur richtigen Zeit nutzen!*

Sie kennen jetzt das ganze Buch, nicht wahr? Haben Sie auch die Listen von Eigennamen und geografischen Begriffen, die Listen der unregelmäßigen Verben und die Hinweise auf andere Hilfsmittel, zum Beispiel CDs, Arbeitshefte und so weiter bemerkt? Das sind wichtige Seiten und nützliche Tipps. Sie müssen ja nicht gerade mit den unregelmäßigen Verben ins Bett gehen, aber zu wissen, wo sie im Buch zu finden sind, schadet nicht. ☺ wird ohnehin sich noch öfters mit der Liste beschäftigen müssen.

Beachten Sie auch alle kleinen Symbole! Im

Lehrbuch sind nicht alle Einträge gleich wichtig, es gibt auch optische Hinweise auf die Bedeutung für den Lernfortschritt. So finden sich im Wörterverzeichnis auch zusätzliche Wörter, die nicht zum Pflichtwortschatz gehören, meist dünner gedruckt.

Wenn Sie sich das Lehrbuch auf diese Weise angeeignet haben, dann binden Sie es ein und lassen ☺ ein Lieblingsbild auf den Umschlag kleben, was immer gefällt und motiviert!

Thema 3: Weitere Arbeitsmittel

Neben dem Englisch-Lehrbuch kommen auch andere Arbeitsmittel im Unterricht zum Einsatz. Meist wird ein vom Verlag des Lehrbuchs herausgegebenes "workbook" – ein Arbeitsheft – verwendet, weiterhin auch mehrere, von den Schülern zu führende Hefte: ein Schulheft, ein Hausheft und (meist auch) ein Wörterheft.

Inzwischen gibt es auch am Markt so genannte „Schulaufgabentrainer", mit typischen Formen von Tests, also auch von Schulaufgaben und Steggreifaufgaben und deren Lösungen. Lehrer halten oft nicht sehr viel von diesen Dressurhilfen, weil diese zu sehr auf spezielle Aufgaben fixiert sind. Wenn dann in den Schulaufgaben abweichende Fragestellungen auftauchen und Schüler darauf nicht flexibel genug reagieren, ist nach der Herausgabe der korrigierten Schulaufgaben die Enttäuschung groß. Und dies auch bei den Eltern, die als Paukhelfer tätig waren. Diese Sammlungen dienen höchstens als zusätzliches Übungsmaterial.

Nun zu den meist im Unterricht eingesetzten Arbeitsmitteln:

Das "workbook"

Neben dem Lehrbuch wird meistens noch ein eigenes Arbeitsheft ("workbook") angeschafft, das mit vielgestaltigen Übungen den Lernstoff vertieft und in leicht abgewandelten Zusammenhängen ("transfer") bewusst macht. Mit diesem Arbeitsmittel wird auch im Unterricht gearbeitet, meist bietet es zudem gute Möglichkeiten für die schriftlichen Hausaufgaben.

☞ *Zum Lernen eignen sich nur die Übungen, die auch korrigiert und schriftlich verbessert worden sind.*

Nur für Lehrer, die das Fach unterrichten, ist es möglich, ein Lösungsheft der Aufgaben im Workbook vom Verlag zu bekommen, was ja auch richtig ist. Abschreiben von fertigen Lösungen wäre nicht von Vorteil. Wenn ☺ die Hausaufgabe mit Bleistift schreibt, wäre eine Korrektur leichter, aber manchmal wird dies vom Lehrer abgelehnt. Achtung: Die Übungstypen im Workbook eignen sich hervorragend für Stegreif-Aufgaben und Schulaufgaben!

Es gibt heute kaum eine neue didaktische Möglichkeit mehr, die findige Schulbuchautoren nicht aufgreifen würden. Die Schüler sollen geschult werden, ein vielfältiges Übungsangebot zu durchschauen, sie sollen selbstständig sein im Gebrauch der Arbeitsmittel und in die Lage versetzt werden, auch über sich selbst sprechen zu können.

Ein Beispiel: Im Lehrbuch erzählt vielleicht ein englischer Schüler, was er in seinem Stadtviertel alles unternehmen kann. Im Workbook soll dann der deutsche Schüler erzählen, was es an seinem Wohnort Vergleichbares gibt. Es wird dabei auch an die Situationen gedacht, die eintreten, wenn Ausländer hier im Land sind und Auskunft brauchen.

Achten Sie darauf, dass ☺ das Workbook schätzt und sauber hält, es ist seinen Preis wert, wenn man es auch noch im nächsten Jahr wieder heranzieht!

 Das Workbook ist seinen Preis wert! Die Übungen leiten ☺ zu selbständigem Arbeiten an.

Die Heftführung

Ein Blick auf die weiteren Arbeitsmittel im Schulfach Englisch: die Hefte. Auch wenn man die Zeit schon absehen kann, wann jeder Schüler mit einem Notebook arbeiten wird, ist es gegenwärtig wahrscheinlich immer noch so, dass ☺ zumindest im Anfangs-Unterricht drei Englisch-Hefte führen soll.

1) Das Schulheft

Das in der Schule geführte Heft zeigt klar – wenn es übersichtlich angelegt wird – den Unterrichtsfortgang und den Schwerpunkt des Interesses, den der Lehrer setzt. Aber es zeigt auch die Sorgfalt und den Arbeitseinsatz der Schüler. Sorgfalt bedeutet schließlich, dass die Lerninhalte übersichtlich und möglichst fehlerfrei wiedergegeben werden, da sie ja auch die Grundlage für Prüfungen sind.

Das Heft muss kein Beispiel an „Schönheit" sein, aber jede Schlamperei gefährdet hier den Erfolg und behindert das Lernen. Manchmal fließt die Bewertung der Heftführung auch in die Zeugnis-Bemerkung über die Arbeitsweise ein. Die Einträge im Schulheft sind auf jeden Fall die sichere Grundlage für Hausaufgaben und mündliche Abfragen, auch für Unterrichts-Beiträge durch ☺ – und sie dienen jedenfalls der schnellen, aber regelmäßigen Wiederholung der gelernten Strukturen.

Halten Sie ☺ dazu an, alle Einträge zu Hause – vielleicht auch farblich – nachzubereiten, aber keinesfalls zu übermalen oder allzu sehr zu verzieren! Datumsangaben am Heftrand können auch bei der Vorbereitung der Schulaufgaben nützen, weil man dann besser weiß, von welchem Zeitpunkt an „Stoff" angesammelt worden ist, der schließlich durch den Lehrer abgefragt werden kann.

rattlesnake ['rætlsneik]

2) Das Hausheft

Das zweite Heft soll für die Hausaufgaben reserviert werden, das heißt, dass es nicht unbedingt ein Lernmittel ist, da sicher nicht alle Fehler darin beseitigt werden können. Die vom Lehrer korrigierten Übungen machen da eine Ausnahme, aber sonst soll dieses Heft nicht als Grundlage für Prüfungsvorbereitungen dienen.

 Halten Sie ☺ dazu an, das Schulheft und auch das Hausheft sauber zu führen, es lohnt sich! Dulden Sie keine Schmierereien.

3) Das Wörterheft

Schließlich noch das dritte Heft, das Wörterheft.
Meist wird die Übertragung der Vokabeln aus dem Buch (Lektionswortschatz) verlangt. Darüber hinaus sollen auch Wörter eingetragen werden, die im Unterricht zusätzlich auftauchen.
Sollte vom Lehrer kein eigenes Wörterheft verlangt werden, genügt jedes Blatt Papier, auf das die Wörterliste aus dem Buch übertragen wird. Es ist nicht verboten, dass ☺ ein Wörterheft anlegt, es kann ja eine solche „Sammelwut" auch von Nutzen sein.

Akustische Lernhilfen

Zunehmend bieten die Lehrbuchverlage auch CDs oder CD-ROMs als Ergänzung ihrer

Lehrbücher an. Der Erwerb ist sicher sinnvoll, wenn ☺ damit auch wirklich arbeitet. Da auf diesen Silberscheiben der fremdsprachliche Audio-Part von "native speakers" gesprochen wird, fördert das Abhören des englischen "sounds" die eigene Aussprache und das Sprachverständnis. Auch als Vorbereitung auf den Einsatz von Hörtexten im Unterricht ist die Arbeit mit den Compact-discs sinnvoll.

Thema 4: Die Hausaufgaben für Englisch – eine lästige Pflicht?

Für jede Stunde Englischunterricht wird im Normalfall eine Hausaufgabe verlangt, entweder schriftlich oder mündlich oder (meist) beides. Die häuslichen Übungen sollen ☺ Sicherheit geben und den Sprachgebrauch vertiefen. Das Schulheft sollte beim Arbeiten aufgeschlagen auf dem Tisch liegen, Lehrbuch und Wörterbuch ständig bereit sein.

Die Hausaufgaben umfassen die Wiederholung der Heft-Einträge, das Lernen von Wörtern und Dialogen, das Einprägen von Grammatik-Regeln, lautes Lesen und Üben von Redewendungen. Diese Aktivitäten sollen in Fleisch und Blut übergehen, daneben gibt es aber immer auch die aktuelle, klar gestellte Hausaufgabe für die nächste Stunde. Der Schüler erfüllt mit ihrer Lösung auch seine schulische Pflicht wie in anderen Fächern, er soll Gewissenhaftigkeit, Sorgfalt walten lassen und vor allem die Hausaufgabe vollständig machen. Dulden Sie keine Schlamperei, keine Ausflüchte und möglichst keine negativen Äußerungen durch ☺ . Wenn es Ihnen beiden gleich am Anfang gelingt, die Englisch-Hausaufgabe positiv zu sehen und gern zu erledigen, haben Sie schon für die nächsten Jahre ständigen Ärger aus der Welt geschafft. Der Sprachunterricht baut sich wirklich über Jahre auf und wer ihn also als „lästig, unsinnig, langweilig" programmiert hat, wird sich sehr schwer tun, dieses Dauerübel zu bewältigen. Verlangen Sie, dass ☺ schriftlich vorlegen kann, was „auf" ist.

Sollte ☺ aber etwas undeutlich murmeln wie zum Beispiel „alles wiederholen", lassen Sie das freundlich aber bestimmt nicht gelten. Wie gehen Sie dann vor? Nun – schauen Sie zuerst nach, ob neue Heft-Einträge vorhanden sind. ☺ soll Ihnen haarklein erklären, was da geschrieben worden ist. Fragen Sie nach dem Inhalt der Geschichte, lesen Sie die Aufgaben im Buch und schlagen Sie die Grammatik-Seite auf.

Wenn Sie und ☺ eine klare Übersicht über die Lernaufgaben haben, kann nichts schief gehen. Sie werden selbst Ideen entwickeln, wie man am besten lernt. Sobald zum Beispiel eine „freie" Aufgabe verlangt wird, suchen Sie nach dem Lernziel! Sie können fragen: Worüber sollst du schreiben? In wie vielen Sätzen? Wie lautet das Thema genau? Sie können sicher sein, dass sich im Anfangsunterricht die Aufgaben eng an das Thema der laufenden Lektion anschließen. Ein Beispiel: In der Geschichte im Buch feiern die Kinder vielleicht eine Geburtstagsparty, nun soll ☺ schreiben, wie ☺ eine solche Geburtstagsparty veranstaltet.

Denken Sie daran, ☺ muss im „Meer" der englischen Sprache Schwimmen, Rudern oder Segeln lernen, während Sie ☺ im sicheren Beiboot begleiten. Verlieren Sie, bildlich gesprochen, das Ufer nie aus den Augen. Achten Sie vor allem auf die Details, die sich gerne unauffällig verstecken. Heißt es "in" oder "of"? Von wem oder was ist die Rede? Beachten Sie alle Bilder und Zeichnungen; darin sind größtenteils alle Informationen zu finden. Vielleicht lassen Sie ☺ erst mal die Geschichte auf Deutsch erklären und loben Sie, wenn ☺ den Zusammenhang erfasst hat. Der Zeitaufwand dafür ist geringer als es Ihnen hier erscheinen mag.

☞ *Überwachen Sie konsequent die Hausaufgaben und beteiligen Sie sich intensiv an der Arbeit! Lassen Sie sich genau über die Aufgaben von ☺ informieren.*

Sinn und Zweck ständiger Wiederholung

Die Hausaufgaben, die meist etwa 30 Minuten erfordern, bedeuten für den Lernfortschritt wenig, wenn sie nicht von ständigen Wiederholungen des Gelernten unterstützt werden. Konkret: Für jeden Tag ein kleines Pensum festlegen, das heißt, ein bestimmtes Sprachmaterial, (zum Beispiel die Uhrzeit), das zur Wiederholung ansteht. Wenn ☺

einen Stoff, auf den ☺ schon eine gute Note erhalten hat, nicht mehr wiederholt, wird ☺ ihn das nächste Mal auch nicht mehr beherrschen, eine Quelle der Frustration.

Ein Vorschlag: täglich 10 Minuten Wiederholung ist Pflicht, möglichst auch an den Wochenenden. Das ist ein echtes Erfolgsrezept. Warum es nicht nutzen? Jeder Zeitpunkt ist gut! Schaffen Sie sich außerdem Klarheit darüber, auf welche Weise ☺ den Stoff wiederholt. Das so beliebte „Durchlesen" ist nichts wert, wenn die Sachverhalte nicht bewusst gemacht werden. ☺ muss den Inhalt erklären, neue Wörter richtig schreiben können und bei Lesestücken genügt es nicht, davon bloß eine blasse Ahnung zu haben!

Fragen Sie: Wie viele Zeilen oder Abschnitte musst du lesen? Laut oder leise? Welche Aufgaben sind zu lösen?

Lassen Sie sich dann die Texte vorlesen, vor-übersetzen, nacherzählen (zuerst auf Deutsch) und kommentieren. Dann können zu den Bildern englische Stichwörter gesucht werden. Erfinden Sie selbst kreative Übungen. Zum Beispiel können Sie jeden zweiten Satz einer Geschichte abschreiben oder jeden einzelnen Satz heraussuchen lassen, in dem die „Hauptperson" vorkommt. Nehmen Sie dann die Vokabelliste und lassen Sie ☺ die Geschichte rekonstruieren oder abwandeln – alles ist möglich und sinnvoll, was den Stoff „umwälzt". Fragen zum

Lesetext können zuerst abgeschrieben und dann schriftlich beantwortet werden. Vielleicht korrigiert die Antworten der Lehrer! Falls eine CD zum Lehrbuch erworben wurde, kann ☺ mit ihrer Hilfe die richtige Aussprache einüben, indem zuerst leise im Buch mitgelesen wird, dann lauter als die Aufnahme und am Schluss selbstständig in kleinen Abschnitten, die dann mit Hilfe der Ton-Aufnahme kontrolliert werden. Und das kann sogar Spaß machen!

Das so gewonnene Ergebnis wird nicht vollkommen sein, aber ein stetiges Bemühen nicht nur um die Aussprache wird auf jeden Fall Früchte tragen... Ein kleiner Trost: im wirklichen Leben liest ein Ausländer selten einen längeren Text vor, wenn Muttersprachler zuhören!

 Täglich zehn Minuten wiederholen!
Bleiben Sie hart!

Die „Verbesserungen" der Fehler

Werden schriftliche Hausaufgaben im Unterricht korrigiert, das heißt „verbessert", wird meist ein Tafelanschrieb erfolgen oder die Lösung wird von einer Folie projiziert. Oft lassen aber die Schüler ihre Fehler stehen, weil es etwas Mühe macht, immer wieder vom Heft weg zu schauen und dann die Fehler selbstständig zu korrigieren. Und schön sieht das Heft hinterher auch nicht aus! Doch überzeugen Sie ☺ davon, bei dieser Arbeit besonders gut aufzupassen. Wird die Aufgabe vom Lehrer selbst korrigiert, sind die Fehler natürlich deutlich markiert, was aber vom Schüler meistens als negativ empfunden wird. ☺ soll solche Gefühle gar nicht erst aufkommen lassen, sondern mit Begeisterung alle Fehler bekämpfen und ausmerzen. Das geht! Aber wirklich nur mit bewusster Anstrengung. Ein Fehler, zumal ein wiederholter, zeigt ja nichts weiter an, als dass etwas falsch gelernt wurde. Eine Information wurde unrichtig abgespeichert.

Verlernen ist schwere Arbeit, da Irrtümer nicht so einfach zu löschen sind wie eine eMail. Was ist zu tun?

Eine wirkungsvolle Strategie besteht darin, sich selbst jeden einzelnen Fehler zu erklären, also zu fragen: „Was ist falsch und warum"? Die Antwort erschließt die Fehlerquelle. Ein Beispiel: ☺ hat geschrieben "stoping", richtige Schreibung "stopping". Also, erstens: was ist falsch? Antwort: es fehlt ein "p". Zweitens: warum? Antwort: Das kurze "o" der Grundform "stop" muss in der Form mit der Endung "-ing" erhalten bleiben, deshalb die Verdoppelung des "p". Nach der Verbesserung bitte die richtige Form üben!

☛ *Alle Fehler bekämpfen! Nichts falsch im Kopf von ☺ einnisten lassen. Dabei hilft:*

Eine persönliche Fehler-Kartei

Lassen Sie ☺ gleich zu Anfang eine ganz persönliche Fehlerkartei anlegen. Alle Wörter, bei denen besonders oft Fehler gemacht werden, schreibt ☺ – natürlich richtig – auf einzelne Kärtchen; dabei kann die schwierige Stelle im Wort unterstrichen werden. Immer wieder wird das Kärtchen herausgenommen und das Wort geübt, wobei nicht geschummelt werden darf. Jede Wiederholung wird markiert, spätestens beim elften Mal wird das Wort beherrscht! Dann entfernen Sie die leidige Erinnerung aus dem Kästchen. ☺ wird sich freuen.

Lustvolles Üben?

Das Wort „üben" bekommt schnell einen Anklang an Pauken, also von lästiger Pflicht, freudlos und schnell zu absolvieren, damit „die Eltern Ruhe geben". Oft macht dann ☺ etwas zum hundertsten Mal, was vorzeigbar, aber schon sehr bekannt ist, etwa einen Text lieblos abschreiben oder ähnliches. Dieses Vorgehen ist sinnlos und bedeutet, wieder eine Chance zum gründlichen Lernen der Fremdsprache zu vertun!

Bauen Sie stattdessen mit ☺ zusammen eine angenehme, feste Gewohnheit auf (auf die zu verzichten sogar einmal leises Bedauern hervorrufen kann). Dann haben Sie beide gewonnen! Seien Sie erfinderisch und richten Sie gleich zu Beginn des Spracherwerbs, wo ja noch Lust und Spannung da sind, ein festes Übungsritual ein. Es darf auch Belohnungen geben. Wichtig ist der frühe Zeitpunkt, da später die Gelegenheit nie mehr wiederkehrt.

Vielleicht nützt Ihnen auch ein wenig die „Illusion", dass das Sprachenlernen einem festen Plan folgt, etwa derart, dass aus dem Leichten das Schwerere erwächst. Oft genug wird ja von den so genannten Grundlagen gesprochen, die man unbedingt erwerben muss, um späteren Erfolg zu gewährleisten. Das ist zum Teil richtig, da es viele einfache englische Sprachmuster gibt, die im Alltag unablässig auftauchen würden – vorausgesetzt, man wäre in einer englischsprachigen Umgebung! Aber gerade dann wäre es bald überflüssig, zum Beispiel die Farbe von Gegenständen, die man vor sich hat, zu benennen, wenn man nicht gerade in einem Geschäft eine Auswahl treffen muss. Aber wann wird ☺ selbständig in England einkaufen?

Sie werden es bald selbst sehen, dass die Sprache eher einem sich verzweigenden Gewächs gleicht als einem klaren architektonischen Gebilde. Vergessen Sie einfach, Logik als Grundlage einer Sprache vorauszusetzen. Genug! Diese allgemeinen Erörterungen sollen nur aufzeigen, dass positive Gefühle, Neugier und Ausdauer ☺ die neuen Strukturen am besten aufnehmen lassen.

 Üben ist nötig, muss aber keine Strapaze sein. Machen Sie zusammen mit ☺ eine angenehme, feste Gewohnheit daraus.

Thema 5: Wie erreicht man grammatikalisches Verständnis?

Grammatik - ein (notwendiges) Übel? Keineswegs! Ohne Grammatik-Kenntnisse wird eine fremde Sprache immer ein Buch mit sieben Siegeln bleiben. „Ich nix Deutsch sein" - dergleichen Radebrecherei ist kein Ziel des Unterrichts. Sie müssen ☺ klar machen, dass ohne Grammatik hier nichts läuft.

Bei allen grammatischen Regeln ist es wichtig, dass sie ☺ erklären kann. Stellen Sie sich dumm – was Sie nicht verstehen, durchschaut ☺ auch nicht. Wenn man die Regeln öfters laut liest, werden sie auch verständlicher. Nur Geduld! Viel Aufmerksamkeit im Unterricht lohnt sich. Und dann bleibt noch das gezielte Nachfragen im Unterricht. Am besten schreibt ☺ die Probleme auf. Es bringt nichts, den Lehrer um „eine ganze" Wiederholung zu bitten. Auf klare Fragen gibt er auch gern klare Antworten.

Die Arbeit mit grammatischen Regeln und Sachverhalten geht im Unterricht meist von einem oder mehreren treffenden Beispielen aus, in denen eine Struktur des Englischen deutlich wird. Auch im Übungsbuch findet man solche Beispiele oft auf eigenen Grammatik-Seiten ("grammar pages"). Die Beispiele stammen meist aus dem Lesetext, in dem sie zum ersten Mal aufgetreten sind. Das Ziel ist, dass der Schüler selbst eine typische wiederkehrende

Erscheinung der Sprache erkennt, nämlich eine grammatische Regel.

Sie benötigen, wie schon erwähnt, daneben eine moderne, optisch klar gegliederte Grammatik. Nur ein Buch mit übersichtlichem Inhaltsverzeichnis und einem gut gegliederten Sachregister, in dem die englischen und deutschen Bezeichnungen vorhanden sind, nützt Ihnen etwas. Vergleichen Sie vor dem Kauf die Grammatik mit dem Schulbuch. Greifen Sie einfach ein Thema heraus und schauen Sie nach, ob die Erklärung verständlich ist. Es sollten nicht zu viele Ausnahmen aufgeführt sein, weil wir es ja mit Anfängern zu tun haben. Sie werden später nach und nach eingeführt.

☞ *Zusätzlich eine gute Grammatik macht sich bezahlt.*

Was hat es nun mit den Grammatik-Regeln auf sich, dass sie bei jugendlichen Lernern so verhasst sind? Die Formulierungen sind oft einfach zu abstrakt. Das muss nicht so sein. Auch heute sind Merksätze nicht schlecht, um sich eine sprachliche Erscheinung einzuprägen. Der Merksatz darf ruhig „blöd" sein (ein unverwüstliches Beispiel: „he, she, it – das s muss mit!").

Ein kleiner Tipp zur Lernhilfe-Praxis: Lassen Sie ☺ grammatische Regeln zuerst selbst erklären. So können Sie herausfinden, ob ☺ in der Grammatik durchblickt. Oft genügt ja schon ein einziges Beispiel, um die Sache zu verstehen. Etwas Geduld müssen Sie allerdings schon aufbringen.

Übungen zur Grammatik

In den älteren Englischbüchern gab es eine Unzahl spezieller Übungen. Auch wenn man sie alle gemacht hatte, wurde man das Gefühl nicht los, nur theoretisch die Fremdsprache zu verstehen. Heute wird die Fremdsprache von Anfang an praxisorientiert unterrichtet und so gibt es auch neue Schwerpunkte in der Vermittlung der Grammatik. Treten in einem Text neue grammatische Formen auf, werden sie ganz natürlich an schon vorhandenes Sprachwissen angegliedert. Der Zusammenhang im Text wird nicht zerstört.

Der Nachteil: Der Schüler weiß oft nicht, was er gerade lernen soll und sieht – sozusagen – den Wald vor lauter Bäumen nicht. Also, Sie wissen schon, erst Klarheit über den Lernstoff schaffen, wenn nötig zu Hause mit der Grammatik.

Wie sehen nun die Grammatik-Übungen aus? Sehr oft bestehen sie aus Texten mit Lücken, in die dann bestimmte Formen eingesetzt werden sollen. Oder es wird zuerst ein Beispiel gegeben, wie eine neu erlernte Form zu verwenden ist.

Die Aufgabe muss immer genau beachtet werden. Das Problem sind die oftmals fehlenden Korrekturen (da Lösungsschlüssel nur für die Hand des Lehrers bestimmt sind). Also muss ☺ die Möglichkeit haben, die Lösungen korrigiert zu bekommen. Meistens werden solche Aufgaben ohnehin im Unterricht gemeinsam gelöst.

☞ *Klarheit über den grammatischen Lernstoff schaffen!*

Schluss mit Grammatik – es gibt noch andere Übungsformen zur Sprachkompetenz!

Thema 6: Stufenweiser Aufbau eines eigenen Wortschatzes

Versuchen Sie gleich von Anfang an ☺ an das Wörterlernen heranzuführen, ohne dass sich überhaupt erst innere Widerstände und Langeweile aufbauen können. Achten Sie neben der richtigen Aussprache (siehe Thema 1) auch auf die manchmal verschiedenen Bedeutungen eines Wortes. Neben dem Wörterverzeichnis im Buch haben Sie sich ja inzwischen eine zuverlässige Hilfe besorgt: Ihr liebes Wörterbuch!

Bemerkungen zum Erlernen der Rechtschreibung

Beim richtigen Wörterlernen muss vor allem die hundertprozentig korrekte Schreibung eines Worts erlernt werden, was viel Übung und Wiederholung erfordert. ☺ muss sich ein englisches Wort auf vielerlei Art einprägen dürfen, bevor es auf irgendeine Weise „abgerufen", abgehört oder getestet wird. Zuerst sollten die Informationen über Schreibung und Sinn des Wortes wirklich im Kopf sein, bevor eine Wiedergabe verlangt wird. Sie wird unglücklicherweise fast immer zu schnell gefordert. Kaum gelesen, schon gekonnt – aber gleich wieder vergessen.

So kann das richtige Behalten nicht funktionieren! Die oft belächelte Empfehlung, das Buch unter

das Kopfkissen zu legen und nach dem Lernen erst mal darüber zu schlafen, ist so abwegig nicht, da im Gehirn neue Informationen vor allem im Schlaf „eingeordnet" werden, was auch die Hirnforschung belegt. Also, nicht sofort bei einer Wörterliste eine Seite abdecken und sich an die Wörter erinnern wollen, sondern: ☺ soll in aller Ruhe das Wort auf sich wirken lassen und sich die Bedeutungen mit Interesse einprägen. Dazu kann ☺ mit den Augen immer wieder hin und her springen und dann nach einer gewissen Übungszeit die Reihenfolge der Wörter ändern.

☺ muss mit dem Wortschatz vertraut werden. Spielen Sie Wörter-Pingpong mit ☺. Zuerst genügt es, wenn ☺ einfach auf das englische Wort zeigt, wenn Sie das deutsche aussprechen. Dann folgt die selbstständige Abschrift!

Wird kein Heft angelegt, kann man auch zuerst die deutschen Bedeutungen wahllos auf ein großes Blatt Papier schreiben, dann ebenso unsystematisch die englischen Bedeutungen und am Schluss die richtigen Wortpaare mit farbigen Linien verbinden – das macht Spaß! Noch besser ist es, eine große liegende 8 zu malen, in die linke Hälfte die deutschen

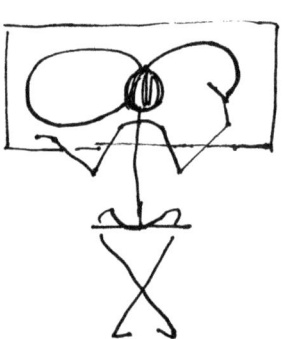

und in die rechte die englischen Bedeutungen in beliebiger Reihenfolge einzutragen und sie dann mit den farbigen Linien zu verbinden. Dazu wird wie beim Superlearning eine getragene, klassische Musik abgespielt, die die entspannte Haltung beim Lernen verstärkt. Hängen Sie zum Schluss das Gemälde auf!

☞ *Spielen Sie und ☺ Ping-Pong mit Wörtern und lassen Sie ☺ ein Wörterheft führen.*

Im Kontext lernen

An einzelne Wörter erinnert man sich leichter, wenn sie sich gegenseitig stützen, weil sie in einem bestimmten Zusammenhang stehen. So kann sich ☺ ein spezielles Wort, zum Beispiel „biro" (Kugelschreiber) zusammen mit anderen Wörtern, die den Inhalt eines Schreibmäppchens angeben, leichter merken, als wenn es irgendwo im Text einzeln auftaucht. Im Lehrbuch werden bestimmte Wörter in Zusammenhängen angeboten, in denen sie beim Lernen gelassen und nicht isoliert gepaukt werden sollen! Man findet auch so genannte „Wörternetze", das heißt mehrere Begriffe, die sich um einen so genannten Oberbegriff scharen und sich dadurch leichter behalten lassen. Ein Beispiel zeigt die obenstehende Zeichnung.

Sehr wichtig für richtiges Sprechen: Die englischen Redewendungen

Die englische Sprache weist unzählige feste Wortverbindungen, das heißt Redewendungen oder "idioms" auf. Sie werden so und nicht anders gebraucht, wobei das einzelne Wort nur im Zusammenhang Sinn macht. Lassen Sie ☺ solche Wendungen leiern, singen, rhythmisieren, immer wieder schreiben und anwenden. Sammeln Sie auf jeden Fall solche Redewendungen und andere feste Wortverbindungen in einem kleinen Heft und legen Sie den größten Wert darauf, dass sie wirklich „sitzen".

Das Anlegen einer Wortschatzkartei

Sehr oft wird von Lehrern empfohlen, die neuen Wörter einzeln auf kleine Kärtchen (ähnlich der Fehlerkartei, siehe Seite 29) zu schreiben und in einer Schachtel zu sammeln. Der Wortschatz wird dann immer wieder umgewälzt. Am Schluss bleiben vielleicht zwei bis drei harte „Brocken", die man extra üben muss. Vielleicht gefällt Ihnen diese Idee. Am besten ist es aber, nicht einzelne Wortgleichungen zu schreiben, sondern kurze Sätze zu bilden.

Interessante Übungen zum Wortbild

Die Abfolge der Buchstaben in einem Wort ergibt ein bestimmtes „Wortbild", das sich wie andere optische Formen einprägen lässt. Man kann es

Dieses alte Wörterratespiel kann auch das Wortbild
von ☺ festigen

dann vor dem inneren Auge sehen und „ablesen".
Manchmal bringt es auch etwas, wenn man mehrere
Schreibweisen auf ein Blatt kritzelt und erst dann die
vermeintlich richtige auswählt. Beim Lesen ergänzt
das Auge fehlende Teile einer Wortform leichter.

☞ *Englische Redewendungen immer wieder*
schreiben und anwenden.

Auch dieses Ratespiel regt zum Suchen von neuen Wortformen an:

1. für jeden Buchstaben ein Feld aufzeichnen

   <u>1</u> <u>2</u> <u>3</u> <u>4</u> <u>5</u> <u>6</u> – <u>7</u> <u>8</u> <u>9</u> <u>10</u> <u>11</u>

2. richtig geratenen Buchstaben einsetzen ⌐a⌐

   _ <u>a</u> _ _ _ _ – _ <u>a</u> _ _ _

3. für falsch geratene Buchstaben ergänzt man ein Bild – entweder

   die „spelling bee"

   ①②③⑥⑦⑧⑤⑩⑪
   (④ oben, ⑤ unten)

   oder den (makaber) gezeichneten „hangman" – egal!

Thema 7: Englisch, ein Vorrückungsfach

Lachen Sie einfach darüber, wenn Sie den vielleicht wahren, aber beim Lernen entmutigenden Satz hören: „Im Land lernt jeder die Sprache mühelos, schnell und vor allem so, wie sie gesprochen wird". Sie kennen sicher selbst Ausländer, die seit Jahren in Deutschland leben und immer noch mit einigen Sprachstrukturen kämpfen, weil sie sie nie „richtig" gelernt haben, sondern vielleicht immer nur beim schnellen Sprechen der Einheimischen gehört haben. Vergessen Sie nicht, ☺ hat Englisch als Schulfach und die im Unterricht durchgenommenen Inhalte werden verlangt, benotet und für neuen Stoff vorausgesetzt.

☺ wird vorerst mit dem so oft verachteten „Schulenglisch" umgehen müssen! Der Unterricht stellt die Grundlage allen selbständigen Lernens dar und braucht Vertiefung und Übung, um bei der Anwendung der Sprache Sicherheit zu gewinnen. Fragen Sie deshalb nach, was im Unterricht abläuft. Da die Klassenstärken oft sehr hoch sind, entfällt pro Schüler maximal eine Minute Sprechzeit! Daraus ergibt sich, dass man zu Hause Englisch sprechen, sprechen, sprechen muss. Was die Hausaufgaben angeht, werden sie oft schnell in der Klasse korrigiert. Doch sie sollten danach noch einmal gründlich daheim durchgesehen werden, um künftige Fehler zu vermeiden.

☞ *Englisch sprechen, sprechen, sprechen!*

Es geht um Noten: Die Schulaufgaben

Als benotete Aufgaben werden die so genannten Schulaufgaben rechtzeitig angekündigt, und so bleibt Ihnen Zeit, Antwort auf folgende Fragen zu bekommen: Welche Wörter, welche Grammatik, welche Lesestücke kommen dran? Was wird an Sprachkönnen verlangt? Sie haben es durch gezieltes Nachfragen in der Hand, dass ☺ nicht unter blinden Flecken leiden wird, sondern genau im Bilde ist.

Die angesagten Schulaufgaben umfassen einen bestimmten neuen (und natürlich alten) Stoff. Schaffen Sie sich darüber Klarheit, vergewissern Sie sich im Lehrbuch und in den Heften, was seit der letzten Schulaufgabe durchgenommen wurde. Beachten Sie vor allem die Verbesserung der Fehler aus der letzten Schulaufgabe.

Die benoteten Übungen entsprechen weitgehend den schon vorher im Unterricht behandelten Übungstypen. Aber fragen Sie nach, welche Schwerpunkte gesetzt werden: Hörtext, Fragen zu den Lesetexten, Einsetz- oder Umformübungen, das Schreiben von Postkarte, Brief oder eMail beziehungsweise Bildergeschichte oder Bildbeschreibung?

So vielseitig und kreativ auch Schulaufgaben oft verfasst sind, den Schüler interessiert bei ihnen eher, ob er die Aufgaben lösen kann und nicht ob der Spaßfaktor groß ist.

Besprechen Sie mit ☺ das Vorgehen beim Bearbeiten der Schulaufgaben. Eine wichtige Regel hat sich bewährt, Sie sollten sie ☺ ans Herz legen: ☺ lies jede Aufgabe erst ganz zweimal ruhig durch, mache dich dann an die Lösung, lies noch einmal Aufgabe und Lösung, aber greife sie möglichst nicht noch einmal auf, dafür reicht die Zeit meistens nicht. Wende dich vielmehr konzentriert der nächsten Aufgabe zu.

 Bereiten Sie ☺ gezielt auf Schulaufgaben vor. Vergewissern Sie sich im Lehrbuch und in den Heften, was seit der letzten Schulaufgabe durchgenommen wurde.

Benotungspraxis

Das leidige Kapitel Benotung: Um, wie gegenwärtig gefordert, eine Schülerleistung positiv bewerten zu können, ist es nicht angebracht, Fehler zu zählen. Jede Einzelleistung wird daher mit so genannten Pluspunkten versehen, die dann am Ende der Prüfungsarbeit zusammengerechnet werden.

Halten Sie ☺ dazu an, die Aufgabe mit der höchstmöglichen Punktzahl (diese wird bei jeder Aufgabe meist angegeben) zuerst zu bearbeiten.

Danach folgen die Aufgaben mit geringerer Punktzahl.

Denken Sie immer daran, Sieger nach Punkten zu sein ist nicht das wichtigste Ziel des Sprachenlernens! Grundsätzlich sollten Noten überhaupt nicht zu hoch bewertet werden. Bei stetigem und gründlichem Lernen wird es hoffentlich keinen allzu großen oder gar vorrückungs-gefährdenden Misserfolg geben. Aber es kann auch mal eine Fünf sein – in solchem Fall bleiben Sie ganz gelassen und verhindern Sie, dass ☺ psychische Blockierungen gegen die Sprache durch Angst, Ehrgeiz oder Vergleichssucht aufbaut.

Stellen Sie unerschütterlich immer wieder heraus, was ☺ schon kann und lassen Sie ☺ das auch selbst ausdrücken. Das hört sich dann wie folgt an: „Ich kann auf Englisch sagen, wie ich heiße, wo ich wohne, wie alt ich bin, welcher Wochentag gerade ist, wie das Wetter ist, wie meine Freunde heißen. Außerdem kann ich zählen, Lieder singen und Gedichte auswendig vortragen, die auch englische Kinder kennen. Ich kann richtige Sätze bilden! Auch weiß ich schon viel über Großbritannien, Städte- und Flussnamen, das englische Frühstück, die englische Schuluniform. Ich freue mich und bin sehr stolz, dass ich Englisch lerne und bereits einiges kann". Freuen Sie sich mit!

☞ *Nehmen Sie Noten nicht zu ernst. Bleiben Sie auch bei gelegentlichen Misserfolgen von ☺ ganz gelassen. Helfen Sie mit, Angst vor dem Fach gar nicht erst aufkommen zu lassen.*

Thema 8: Wichtige Übungsformen, die auch benotet werden können

A) Diktate

Was muss ☺ dabei können? Die gehörte Sprache muss relativ schnell in schriftlichen Text umgeformt werden, also wird indirekt die Kenntnis des Wortklangs vorausgesetzt. Dazu kommen die Beherrschung der Rechtschreibung und auch grammatisches Verständnis, zum Beispiel bei Kurzformen, gleichlautenden Wörtern mit verschiedener Schreibung und natürlich der Satzbau. Die Fähigkeit, gleichlautende aber verschieden geschriebene Wörter unterscheiden zu können, gab noch vor 20 Jahren dem Diktat einen festen Platz in Schulaufgaben, es gehörte sozusagen zum Standard. Inzwischen stellen Lehrer auch mehrteilige Schulaufgaben ohne Diktat. Doch es kann auch heute noch in Prüfungsaufgaben vorkommen. Ohne Üben geht da gar nichts!

Zuerst der wichtigste Lernhinweis: nicht sofort mit dem Diktieren beginnen! Erst sollte man von dem gefestigten Schriftbild ausgehen und dazu alle schwierigen Wörter mehrfach geschrieben haben. Nachdem ☺ den Lektions-Text vielleicht mit Hilfe von Tonaufnahmen oder von der Intonation des Lehrers im Ohr hat, sollte ☺ immer wieder mitlesen, um sich die Wortform einzuprägen. Dazu gibt es eine Stopptaste! ☺ kann auch Teile aus dem Gedächtnis niederschreiben und mit dem ursprünglichen Textvergleichen, keine schlechte Übung! Erst nach gründlicher Vorbereitung kann dann mit dem Diktieren begonnen werden.

Wenn keine Person da ist, die gutes Englisch spricht, kann ☺ auch selbst mit Hilfe eines Kassettenrekorders oder anderer aufzeichnender Medien Diktate üben. Beim eigenen Aufsprechen müssen deutliche Pausen gemacht werden, nicht nur bei den Satzzeichen, die Abschnitte sollen kurz sein. Als Diktate dienen alle korrekten Texte, seien es Übungen, Hinführungs-Texte oder Dialoge. Durch solche „leichte" Übungen verlieren die Diktate schon von Anfang an ihren Schrecken – nur angstfrei kann man überhaupt das Richtige schreiben. Denn es ist bekannt, dass man nicht richtig zuhören kann, wenn man auf der Flucht ist (dafür sorgt das Adrenalin!).

Der zweite wichtige Lernhinweis: Während des Schreibens beständig Wort für Wort mit-übersetzen, damit man weiß, was man da schreibt. So bleiben dumme Verständnisfehler erspart. Nach dem Diktieren muss jeder Text mindestens zweimal durchgelesen und sofort jeder Fehler verbessert werden, wenn auch das Schriftbild dabei nicht schöner wird. Macht nichts!

B) Übersetzungen

Bei gelegentlichen Übersetzungen aus dem Deutschen ins Englische soll ☺ zeigen, wie man deutsche Sprachstrukturen ins Englische übertragen kann und feste Redewendungen, die vielleicht in der Muttersprache ganz andere Wörter aufweisen, als Ganzes erfassen kann. Die Unterschiede zwischen den beiden Sprachen werden so deutlich und beherrschbar. Ein Beispiel: „Wie geht es dir?" heißt auf Englisch "How are you"? – wörtlich „wie bist du?"

Die Übersetzung auf dieser Lernstufe prüft nicht nur den Lernstoff der aktuellen Lektion ab, sondern aktiviert immer alles Gelernte. Alle bereits gelernten Redemittel müssen also beständig wiederholt werden. Dann bleibt der Erfolg nicht aus!

Übrigens: längere deutsche Texte in gutes Englisch zu übertragen, wird auf dieser Lernstufe niemals verlangt. Aber auch bei kürzeren Übersetzungsübungen ist das Wörterbuch von unschätzbarem Wert, (wenn es auch bei Schulaufgaben nicht benutzt werden darf).

In den neuen Englisch-Büchern findet man sehr oft sogenannte Dolmetsch-Aufgaben, die den Schüler trainieren, zwischen den beiden Sprachen hin und her zu springen, eine realistische Situation, wenn zwei Sprachunkundige sich mit Hilfe eines Dritten unterhalten wollen.

C) Dialoge

Das Arbeiten mit Dialogen aller Art ist vielseitig und praxisnah, weil es sich um gesprochenes Englisch handelt und der jugendlichen Lebenswelt entnommen ist. Die Redewendungen gehen dabei gut ins Ohr und machen Spaß, wenn man sie sozusagen „fertig gebacken" serviert bekommt. Im Lehrbuch finden sich zahlreiche Dialoge, die als Modell dienen können, wenn ☺ eigene Dialoge verfassen soll. So oft wie möglich sollte ☺ sie auswendig lernen. Als Hilfe bei der Erstellung eigener Dialoge durch den Schüler werden oft Stichworte angegeben. Jeder Dialog kann mit verteilten Rollen, das heißt in unterschiedlichen Sprechweisen, gelesen werden, was ja sicher im Unterricht geschieht.

D) Die so genannten „freien" Übungen

Selbst nach wenigen Lernwochen kann ☺ die neue Sprache auch bei so genannten „freien" Aufgaben schon anwenden. Zum Beispiel: eMails oder kurze Briefe schreiben, kleine Artikel für die Schülerzeitung verfassen, Einladungen oder Postkarten entwerfen. Dabei ist auch die eigene Meinung von ☺ wichtig. Sie wird sich anfangs auf die Mitteilung von Vorlieben oder Abneigungen beschränken. Eigene Erfahrungen etwa bei Lieblingsbeschäftigungen, können das Thema sein. Leider wird ☺ gerade dann an bestimmte Sprachgrenzen stoßen. Werden im Vokabel-Teil zum Beispiel zehn Sportarten aufgeführt, will ☺ bestimmt das Wort für die elfte wissen. Sind acht Wörter für Haustiere gegeben, so braucht ☺ sicher das neunte, um über sein Lieblingstier zu sprechen. Mit diesen Lücken muss man (noch eine Zeit lang) leben und – doch etwas sagen wollen.

E) Mediation (Indirekte Anweisung zur Textproduktion)

Diese Aufgabenform heißt „Mediation". Sie sieht auf den ersten Blick etwas kompliziert aus. ☺ erhält auf Deutsch Anweisungen oder Beschreibungen von Situationen, die meist sehr kurz gefasst sind und oft die indirekte Rede beinhalten (Deine Mutter sagt, es sei kalt, sie hätte gerne ...). Diese Angaben darf man nicht mit einer Wort-für-Wort-Übersetzung verwechseln. Ein Beispiel: Du (damit ist ☺ gemeint) erzählst deinem neuen Nachbarn, einem Engländer, von deinem Haustier. Neugierig, wie er ist, möchte er wissen, was für eine Art Tier es ist, wie es heißt, was es frisst und ob du die ganze

Arbeit allein schaffst. Als eine Lösung könnte ☺ einen Dialog schreiben! Die bis jetzt erlernten Sprachmittel müssten dafür ausreichen.

Natürlich gibt es bei der Mediation immer mehrere gleichwertige Lösungen. Dabei muss bestimmt nicht alles der Wahrheit entsprechen. Aber praktisches Denken und Kreativität tragen viel zum Gelingen bei und sogar witzige Äußerungen zeigen, dass ☺ sich schon in der Fremdsprache wohl fühlt. Sollte eine solche Teilaufgabe benotet werden, erhält ☺ für Inhalt und Sprache getrennt Punkte, wobei Fehler nicht von der Punktzahl in vollem Umfang abgezogen werden.

Was kann nun ☺ dafür tun? ☺ soll sich bemühen, kurze klare Sätze zu bilden und möglichst die Wortverbindungen, die bereits gelernt wurden, anzuwenden. Auch bestimmte Grammatik-Kapitel spielen bei der Wiedergabe eines Inhalts eine Rolle. Wenn man einen Tagesablauf schildern will, muss man das "simple present" anwenden, eine der zwei Gegenwartsformen. Erzählt man seine Geburtstagsvorbereitungen für nächste Woche ist natürlich an die Formen des "future", der Zukunft, zu denken. Es lohnt sich, im Lernzusammenhang zu bleiben und nicht zu hoch zu greifen, um etwas ganz Ausgefallenes sagen zu wollen! Die beste Vorbereitung dieser freien Aufgaben liegt in der konsequenten Wiederholung aller bisher aufgetretenen Redemittel.

Selbst für Anfänger wird schon ein Lernziel angestrebt, das später am wichtigsten wird. Von Anfang an soll ☺ lernen, sich mündlich und schriftlich in der Fremdsprache zu äußern. Das kann schon in einfachster Form geschehen.

Ein kleines Beispiel: Ein gegebener Text soll umgeformt werden, wobei eine andere Erzählperspektive eingenommen wird. Wird zum Beispiel im Text von einer „bestimmten Person" gesprochen, so kann auch die Geschichte von dieser „Person" selbst erzählt werden. Aus "he" und "she" wird dann "I", „ich"! Und ☺ kann auch selbst etwas beisteuern.

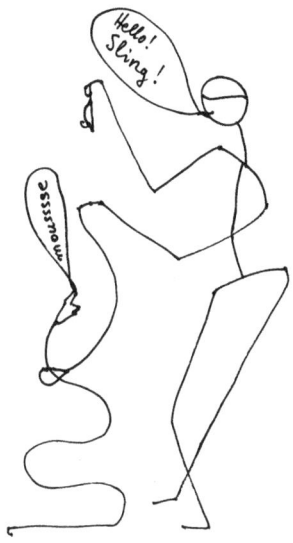

Oder: Wird ein sachliches Thema gegeben, so kann dieses von ☺ auch auf die eigene Erlebniswelt übertragen werden. Zum Beispiel soll ☺ ein paar englische Weihnachtsbräuche nennen und sie mit seinem eigenen Weihnachtsfest vergleichen. Es gibt unzählige Anreize, sich fremdsprachlich mit den eigenen Interessen auseinander zu setzen.

Für die Form der Mediation zu motivieren, ist vielleicht etwas schwierig, aber wenn aktuelle Redewendungen, Wortschatz und Grammatik gut beherrscht werden, kann ☺ auch einen freien Text erfolgreich verfassen.

☞ *Loben Sie ☺ immer wieder, auch für kleine Erfolge!*

F) Bildergeschichten und Bildbeschreibungen

Vergessen wir nicht, dass auch Bildergeschichten und Bildbeschreibungen gute Übungen zum folgerichtigen Sprechen und Schreiben sind. Dazu braucht ☺ einen kleinen Fach-Wortschatz, um die gegebene Anordnung im Bild ausdrücken zu können: "right", "left", "in front" etc. Die Handlung im Bild lässt sich am besten mit der Verlaufsform, dem "present progressive" beschreiben. Auch bei dieser Aufgabe ist eine fachkundige Korrektur notwendig!

 Ermuntern Sie ☺ , das bereits in der Fremdsprache Gelernte so oft wie möglich aktiv anzuwenden!

Thema 9: Zusätzliches häusliches Training

Ermutigen Sie ☺ , sich im Unterricht auch zu melden, wenn ein Stoffgebiet besonders geübt wurde und das Gefühl entstanden ist „das kann ich". Das hilft, den schulischen Stress zu vermindern, weil man nicht einfach „drankommt", ohne sich darauf vorzubereiten. Vor allem kann das beim Lesen des Lektions-Textes eine gute Strategie sein. Allerdings darf man eine Leseleistung nicht überbewerten, da nicht immer sofort gute Noten verteilt werden. Aber ☺ gewöhnt sich erst gar nicht daran, inaktiv im Unterricht zu sein oder gar als Opfer abzuwarten, bis zum Sprechen im Unterricht aufgefordert wird. Achten Sie zu Hause beim Üben darauf, dass nicht zu langsam, zu schnell, zu leise gesprochen wird. Daheim kann man das Tempo drosseln oder steigern, ohne dass ☺ sich Kritik zuzieht. Außerdem wird durch mehrmaliges Lesen Wortschatz und Grammatik unauffällig „eingeschliffen". So kann erreicht werden, dass ☺ ohne Angst englische Texte laut liest.

Strategien für das Lesen englischer Texte

1) ☻ spricht zu leise

Das zu leise und tonlose Sprechen ist sehr häufig und kommt bei Kindern oft aus Angst vor Fehlern vor. Es kann aber auch ein angewöhntes Verhalten sein, das auf Schüchternheit oder auch auf einer gewissen nervlichen Schwäche beruht. Was immer solche Kinder sagen, sei es im Geschäft, Restaurant oder auch in anderen Schulfächern, ist kaum zu verstehen.

Fragen Sie freundlich nach, wovor ☺ sich fürchtet. Erst wenn Sie vorhandene Ängste in aller Ruhe geklärt haben, wird das zu leise Sprechen verschwinden. Aber machen Sie sich keine Sorgen – da Englisch noch so ungewohnt ist, fehlt ganz einfach die richtige akustische Einschätzung. Was tun?

Ein paar Vorschläge: Vergrößern Sie den Abstand zwischen sich und ☺. Stellen Sie sich taub! Lassen Sie dann ☺ den Text rufen, auch schreien, jede Silbe einzeln sprechen, in verschiedener Gefühlslage, zum Beispiel wütend, begeistert, traurig, glücklich vortragen.

☺ soll in einer Art Singsang ein imaginäres Publikum zum Lachen bringen oder was Ihnen immer einfällt. Singen Sie so oft wie möglich und laut.

Mit fantasievollen Körperübungen kann man den Atem befreien und so die besten Voraussetzungen schaffen, um flüssig Englisch zu sprechen. Ein gepresster Atem ist beim Englischsprechen sehr störend, da die meisten Wörter drucklos gesprochen und mit dem Ausatmen verbunden werden.

Auf dieser Atemtechnik beruht ja die Beliebtheit des Englischen in der Musikwelt. Vergessen Sie nicht, die kleinsten Erfolge anzuerkennen!

2) ☺ spricht zu schnell

Die Schulbuch-Texte werden zwangsläufig von ☺ sehr oft gelesen – in Ordnung! Aber gerade das kann zu gedankenlosem Leiern führen. Es sind für ☺ nur noch aneinander gereihte Laute und keine sinnvollen Informationen mehr, die da wiedergegeben werden. Überzeugen Sie ☺ davon, dass es entscheidend ist, sich immer wieder die inneren Bilder, die anfangs durch das Lesen erzeugt worden sind, bewusst zu machen und fordern Sie ☺ auf: „Stelle dir die Situation deutlich vor! Was siehst du? Was hörst du? Wer spricht? Was ist vorher passiert? Was würdest du an Stelle der Hauptperson tun oder denken?"

3) ☺ spricht zu laut

Lassen Sie den Text flüstern (geben Sie zuerst ein „dämpfendes" Zeichen!)

Bei sofortiger Reaktion geben Sie ein „lobendes" Zeichen!

4) ☺ spricht zu langsam

Schleppt sich das Lesen von Einzelwort zu Einzelwort – Englisch muss gebunden gesprochen werden – fehlt die richtige Lesetechnik und die Übung des Vortragens. Es hilft ein wenig, wenn ☺

sich angewöhnt, die Augen schneller von links nach rechts über den Text zu bewegen, so dass ein Vorsprung des Sehens zum Sprechen geschaffen wird. Und dann üben, üben üben, üben!!! Sie werden sehen, dass nach einer gewissen Zeit Spaß am Lesen aufkommt.

Fazit: Aber wenn auch das laute Lesen nicht unwichtig ist, sollte man nicht vergessen, dass die Informationsentnahme (siehe unten) beim Lesen ohne lautes Sprechen erfolgt. Man will den Text verstehen, den Inhalt aufnehmen. Wir alle gehen so vor, wenn wir die Zeitung überfliegen, nicht wahr? Obwohl das laute Lesen in vielen Familien sehr beliebt ist, weil es für dieses „Publikum" eine nachvollziehbare Leistung darstellt, ist sein Nutzen nicht allzu groß! Jeder "native speaker", sei er Engländer oder Amerikaner, wäre, milde gesprochen, sehr erstaunt, wenn ein Anfänger längere Texte vorlesen würde!

☞ *Helfen Sie ☺ dabei, Englisch locker, ohne Angst und mit richtiger Atemtechnik zu sprechen!*

Das Lesen zur Informationsentnahme

Um Informationen zu bekommen ist auch in der Fremdsprache Lesen sehr wichtig. Denken Sie nur an folgende Beispiele: Kochrezept, Gebrauchsanweisung, Spielregeln, Produktbeschreibungen – immer ist die praktische Anwendung das erstrebte Ziel. Man will das schmackhafte Gericht essen, das neue Gerät in Gang setzen, das Spiel mit Freunden spielen! Das Lesen war nur Mittel zum Zweck. Gewöhnen Sie ☺ von Anfang an daran, angstfrei und nicht zu langsam, das heißt bei normaler Lesegeschwindigkeit, längere Textmengen zu lesen und wichtige Informationen herauszufinden.

Um diese Entwicklung erfolgreich anzuregen, können ein paar spielerische Übungen helfen:

1. Die Annäherung an den Text

a) Lies zuerst alle Namen!
b) Lies alle groß geschriebenen Wörter.
c) Lies alle Satzanfänge!

d) Lies alle letzten Wörter der Sätze!

2. Strukturen erkennen

a) Suche alle Sätze in „ ....“!
b) Stelle fest, wer spricht!

3. Wortformen herausfinden

a) Suche alle Hauptwörter!
b) Finde alle Verben!
c) Welche Wörter haben Doppellaute?
d) Welche Wörter stehen im Wörterverzeichnis?
e) Schreib alle Wörter heraus, die du nicht verstehst, schlage ihre Bedeutung im Wörterbuch nach!

Beinahe spielerisch hat ☺ den Text nun zehnmal in Bruchstücken durchgeschaut. Danach wird der ganze Text im Zusammenhang gelesen, die Bilder werden zum Verständnis herangezogen, die Fragen am Ende des Textes gelesen, beantwortet und mit den entsprechenden Textzeilen verglichen. Jetzt ist der Text nicht mehr fremd und bietet das neue Sprachmaterial in entschärfter Form.

4. Weitere Übungen

a) Die Geschichte auf Deutsch zusammenfassen
b) Die Bilder auf Englisch erklären
c) Einzelne Teile sorgfältig abschreiben
d) Einige Abschnitte schriftlich oder mündlich ins Deutsche übersetzen
e) Zur Entspannung den Text auf CD anhören, zuerst dabei mitlesen und dann bei geschlossenem Buch einfach zuhören.

5. Einsatz des Computers

Sollte ☺ mit dem Computer umgehen können, kann der Text eingescannt und auf vielerlei Art „manipuliert" werden. Es kann zum Beispiel von Ihnen jedes fünfte Wort gelöscht und nachher von ☺ wieder eingesetzt werden, man kann die Abschnitte vertauschen und wieder in die richtige Reihenfolge bringen. Es geht immer darum, mit dem Text vertraut zu werden und ihn wirklich zu verstehen, ohne gleich über das Gelesene abgefragt zu werden. Kontrolle ist trotzdem auch hier wichtig.

Thema 10: Außerunterrichtliche Lernangebote

Wenn Sie beide vom Buch genug haben, dann leisten Sie sich ein englisches Brett- oder Kartenspiel oder fahren Sie im Geist in ein englischsprachiges Land. Vielleicht verbringen Sie auch den nächsten Urlaub dort... – kann doch sein.

Hilfreich beim Englisch-Lernen von ☺ sind auch einige außerunterrichtliche Angebote, die Sie – zumindest teilweise – in Ihr Übungsprogramm mit einbeziehen sollten:

Lektüren

Neben den Geschichten im Buch gibt es eine Vielzahl von nach sprachlichen Schwierigkeiten gestaffelten Lesetexten, die von mehreren Verlagen angeboten werden. Ein längerer Text sollte auf dieser Lernstufe eigene Worterklärungen beinhalten, weil sonst ein zügiges Lesen unmöglich ist. Sehr ergiebig sind Lesehefte, die neue, schwierige oder selten gebrauchte Wörter am Rand neben dem Text oder direkt unterhalb aufführen. Auch ansprechende Zeichnungen und Fotos tragen viel zur Leselust bei und erleichtern das Verständnis. Oft genügt dann ein kurzer Blick und schon ist das

Gelesene nicht mehr schwer zu verstehen! Da im Unterricht meist wenig Zeit für solch ausführlicheres Lesen bleibt, sollten Sie die Ausgabe nicht scheuen und hin und wieder eine motivierende Geschichte erstehen. Auch besteht meist in der Schülerbibliothek die Möglichkeit, fremdsprachliche Texte auszuleihen.

Medieneinsatz

"English by TV": Sie ahnen es schon – auch das Fernsehen lässt auf vielerlei Art und Weise die englische Sprache erleben. Beim Zuschauen gewöhnt sich ☺ gleich daran, nicht jedes einzelne Wort zu verstehen und doch dem Film folgen zu können. Der Klang der gesprochenen Sprache wird mit Hilfe dieses Mediums mit Bildern verbunden, wodurch ein Verstehen gefördert wird. Sparsam verwenden und Spaß haben!

Nur auf das Ohr wirkend haben auch englische Lieder eine ungemein sprachfördernde Wirkung (die Beatles-Generation hierzulande verdankte ihr weiches und flüssiges Englisch den so oft gehörten Satz- Mustern der Lieder!) Manchen CDs liegen auch Übersetzungen ins Deutsche bei, so dass ☺ nachlesen kann, was da auf Englisch so schön gesungen wird. Das Angebot am Markt bietet Videos, DVDs,

Musikkassetten, Computerkurse, Bilderbücher, Comics und so weiter. Allerdings sind diese nur von Nutzen, wenn ☺ echt gespannt ist, zu erfahren, „was da los ist".

Und was ist mit dem Computer?

Wie steht es nun mit dem Computer-Englisch? Obwohl doch die meisten, mit der Beschäftigung mit dem Computer in Zusammenhang stehenden Ausdrücke auch auf Deutsch existieren, werden sie sehr oft auf Englisch verwendet. Man darf sich aber nicht täuschen lassen: es sind oft künstliche Wörter, die für eine bestimmte Funktion geschaffen wurden. Diese Sprache ist vor allem durch das US-amerikanische Englisch beeinflusst, so dass Aussprache und Schreibung auch vom britischen Englisch abweichen. Es ist auch oft nur ein „passiver" Wortschatz, der allerdings auch jetzt im Deutschen zu einer seltsamen Sprachmischung führen kann. Folgende Beispielreihe lässt sich beliebig lang fortsetzen und ist noch nicht am Ende angekommen. Beispiele: "surfen", "chatten", "mailen" … – oder auch „mouse" statt Maus und anderes.

Wie wär's mit einem Sprach-Bad?

Sie wissen nicht, was das ist? Nun, es ist die Möglichkeit, für eine gewisse Zeit nur die fremde Sprache zu hören und in ihr aktiv zu werden. Sie tun einfach so, wie wenn Sie und ☺ in England wären oder nur mit englischen Partnern sprechen müssten.

Das ist ein nettes Spiel und verändert den Zugang zum Lernen, weil man die Notwendigkeit, mehr zu können, erlebt.

Nehmen Sie zum Beispiel ein Frühstück: Das nächste Sonntagsfrühstück wird für ☺ nicht stressfrei sein. Denn es wird am Tisch nur Englisch gesprochen. Klären Sie vorher, was es für „schreckliche" Folgen hat, wenn ein deutsches Wort fällt. Es wird schon schwierig sein, beim Tischdecken die einzelnen Teile zu benennen. Außergewöhnliche Gerichte und Geräte wird ☺ wohl nicht nennen müssen, aber vielleicht will man doch einmal nicht nur die Butter und die Marmelade oder die Milch ... – wie heißt denn dieser Kuchen? Das Frühstück wird sicher spannend (legen Sie das Wörterbuch in Reichweite). Sollten Sie einen englischen Foxterrier haben, wird er sich freuen, seine Welpensprache zu hören. Woof, woof! Geduld – es muss nicht alles auf einmal klappen.

Den Zoobesuch auf Englisch machen Sie ein anderes Mal. Dort sind die Bewohner auch mit ihren englischen Namen zu finden. Aber vielleicht hat ☺ auch Gelegenheit, ein Eis oder einen kleinen Führer zu kaufen oder gar an die Oma eine Postkarte zu schreiben - alles auf Englisch natürlich. Die Oma wird schon verstehen, dass die Viecher toll, das

Wetter scheußlich und die Leute zu zahlreich waren. Es ist ja auch nicht ausgeschlossen, dass ☺ im Tierpark englischsprachige Kinder hört, die ihrer Begeisterung Ausdruck geben, wenn der "chimp" (Schimpanse) ihnen zulacht.

Eine andere besondere Methode, das Superlearning, war eine Zeit lang groß in Mode. Es geht davon aus, dass der Mensch in entspanntem  Zustand, der durch klassische Musik, zum Beispiel von Johann Sebastian Bach, erreicht werden kann, leicht, da ohne Verkrampfung, eine Vielzahl von Wörtern und Sätzen aufnehmen und sie auch später wieder abrufen kann.

Vielleicht waren damals die Versprechungen zu groß, aber Entspannung führt wirklich zu einer unverkrampften Annäherung an die Sprache. Warum sollten nicht auch Sie und ☺ diese Möglichkeit ab und zu nutzen? Bei Kühen zeigt diese Methode bekanntermaßen ja auch Wirkung.

Last not least ...: Unser Alltag ist ja schon sehr vom Englischen geprägt, was ja manchmal auch kritisiert wird. Doch nicht alles, was englisch klingt, hat auch seine direkte

Entsprechung im Englischen. Wer glaubt, mit dem „Handy" habe er kein Übersetzungsproblem, der irrt. Jenseits des Kanals heißt das Ding "mobile phone". Wer dort ins „Gymnasium" gehen will, wird ins "gymnasium", in die Turn- oder Sporthalle geschickt. Und der deutsche „Unternehmer" heißt im Englischen "businessman" und ist nur äußerst selten ein "undertaker", ein Leichenbestatter. Die Fachleute nennen solche Wörter aus zwei Sprachen, die ähnlich aussehen, aber unterschiedliche Bedeutungen haben „falsche Freunde".

Solche Fallgruben sollten aber weder für Sie noch für ☺ Hindernisse auf dem Weg zum "better English" von ☺ sein. Von dieser Weltsprache kann man gar nicht genügend Kenntnisse haben. Die kommen natürlich nicht von alleine. Auf den Erfolgsweg führt ☺ die tägliche Übung. Mit Ihrer Hilfe kommt ☺ dabei bestimmt besser voran. Und mit den „richtigen" Freunden: Grammatik, Wörterbuch, sauber geführte Hefte und so weiter.

☞ *Viele Wege führen nach Rom oder auch nach London, will sagen: Nutzen Sie und ☺ alle Möglichkeiten, die sich Ihnen bieten oder die Sie schaffen können, um ☺ in der englischen Sprache heimisch werden zu lassen!*

Zuguterletzt

Wenn Sie bis hierher gelesen haben, wissen Sie nun eine ganze Menge über einige Methoden, Ihrem Kind beim Englisch lernen im ersten Jahr zu helfen, auch wenn Sie selbst von sich sagen, dass Sie Englisch nicht mehr können oder noch nie gelernt haben! Halten Sie durch, verlassen sie das Beiboot nicht, vielleicht werden auch für Sie bald Lust und Gelegenheit kommen, Englisch zu lernen. ☺ wird dann voll Stolz sagen können: "My dad/ my mum speaks English, of course".

Have fun ... and good-bye. Und viel Erfolg, für Sie und vor allem ☺ !

Nachlese

Dieser kleine Ratgeber für „Englisch-Laien" erhebt keinen Anspruch darauf, alle denkbaren fachlichen oder pädagogischen Bereiche abzudecken. Er soll die wesentlichsten Unterrichtsziele ergänzen und die häusliche Lern- und Vorbereitungsarbeit erleichtern.

Bezug genommen wurde auf einige gängige, ältere und neuere Lehrwerke, wie sie an Haupt- und Realschulen beziehungsweise an Gymnasien verwendet werden. Nur zwei der wichtigsten Verlagsanstalten seien genannt, die für alle drei Schularten Bücher auflegen und die hier neben anderen herangezogen wurden:

– Cornelsen Verlagskontor, Bielefeld
  (Highlight, English G, Go Ahead)
– Klett, Stuttgart (zum Beispiel Green, Red Line,
  Let's go).